ADRIANA ORTEMBERG

# EL ARTE
## DE LA
# GUERRA
### *para mujeres*

Milenarias armas de mujer
para hacer que el enemigo
se rinda a tus pies

Prólogo de Valèrie Tasso
autora de *Diario de una ninfómana*

EDICIONES OBELISCO

Si este libro le ha interesado y desea que le mantengamos informado de nuestras publicaciones, escríbanos indicándonos qué temas son de su interés (Astrología, Autoayuda, Ciencias Ocultas, Artes Marciales, Naturismo, Espiritualidad, Tradición...) y gustosamente le complaceremos.

Puede consultar nuestro catálogo en www.edicionesobelisco.com.

**Colección: Obelisco Éxito**
EL ARTE DE LA GUERRA PARA MUJERES
*Sun-Tzu y Adriana Ortemberg*

Título original: *Bing-Fa*

1ª edición: diciembre del 2004

Diseño de cubierta: *Michael Newman*
Traducción: *José Manuel Pomares*
Compaginación: *Antonia García*

© 2004, Valèrie Tasso, por el prólogo
© 2004, Adriana Ortemberg por la introducción y las notas
© 2004, Ediciones Obelisco, S.L.
(Reservados todos los derechos para la presente edición)

Edita: Ediciones Obelisco, S.L.
Pere IV, 78 (Edif. Pedro IV) 3ª planta 5ª puerta
08005 Barcelona-España
Tel. 93 309 85 25 - Fax 93 309 85 23
E-mail: obelisco@edicionesobelisco.com

ISBN: 84-9777-154-O
Depósito Legal: B-48.408-2004

*Printed in Spain*

Impreso en España en los talleres gráficos de Romanyà/Valls, S.A.
de Capellades (Barcelona).

# Prólogo

**DEBO** reconocer que recibo el texto de Sun-Tzu *El arte de la guerra*, adaptado a nosotras, las mujeres, con un entusiasmo especial. De hecho, este antiguo tratado ya se había «reescrito» en diferentes ocasiones para encajar con casi todos los ámbitos de la vida moderna, en particular con el mundo de la empresa. Pero faltaba reconvertirlo para el ámbito más importante: el del amor, el único campo de batalla donde se requieren todas las astucias posibles.

¿Existe algo más complicado que las relaciones amorosas? ¿Acaso no paramos de idear estrategias y pequeños engaños para que la otra parte se vuelva loca de amor por nosotras? ¿No es cierto que nos reunimos a menudo entre amigas para llorar nuestras penas y consolarnos mutuamente cuando algo va mal en el terreno sentimental y luego escuchamos con atención los consejos ajenos respecto de la actitud para adoptar frente a una situación amorosa complicada? Basta echar un vistazo a todas aquellas películas de culto para entender que es un tema siempre recurrente que necesita de un tratado especial.

En el fondo, creo que todas ya poseemos algunos conceptos básicos de *El arte de la guerra* aprendidos inconscientemente, de forma casi intuitiva. Cuando me pongo a pensar en ello, creo que el poder de la seducción es el único que realmente hemos llegado a desarrollar completamente (no por falta de ganas o incompetencia, ni mucho menos, sino más bien porque se nos ha negado tantas veces el dominio de otros poderes). Así que estoy convencida de que, a pesar de ser en apariencia un texto hermético, muchas de nosotras sabremos captar el doble sentido que se desprende de este tratado, y aprovechar de su sabiduría práctica.

Siempre he pensado que los mayores estrategas deberían ser mujeres, entre otras cosas porque creo profundamente que tenemos un talento especial para eso, sin tener en cuenta el gran don de diplomacia que nos suele caracterizar. De hecho, sobre Sun Tzu, poco se sabe. La leyenda dice que fue un general chino del siglo V antes de Cristo, pero hasta ahora no se ha podido demostrar si realmente existió. Me atrevería a decir que no me extrañaría que a estas alturas se descubriera que era, en realidad, una mujer.

Bueno, no quiero aburrir a las lectoras con mis elucubraciones infundadas (¿o debería decir también lectores?, seguro que más de uno estará «metiendo mano» a este librito lleno de sabiduría. Es más, cualquier hombre inteligente tendría que conocer nuestras tácticas más sutiles, más que nada para ir prevenido). Quiero terminar planteando una nueva pregunta: ¿cuántas veces hemos comprado (nosotras) libros de autoayuda que anunciaban supuestas técnicas para conseguir lo que queremos en materia de amor? Seguro que más de una. Mi biblioteca está, cómo no, repleta de estos libros, lo confieso. La mayoría de nosotras, sin embargo, nos hemos sentido defraudadas por estos pseudomanuales. En conclusión, no busquéis más: éste es El libro.

Lo único que hace falta ahora es poner en práctica las estrategias recomendadas, pero os advierto de una cosa: estas estrategias funcionan tan bien que podría ocurrir que tengáis ganas de aplicarlas permanentemente, o sea, que vuestra «conquista» al final os sepa a poco, y que queráis pasar inmediatamente a otra «presa». ¡Está claro que la editorial no se hará responsable de estos supuestos efectos secundarios!

Un último consejo de mujer a mujer: *El arte de la guerra para mujeres* es el libro que toda mujer moderna y astuta tendría que tener (¡escondido, eso sí!) en su mesita de noche.

VALÉRIE TASSO
Noviembre de 2004

# Introducción

¿**SERÍA** posible aplicar las estrategias militares en el terreno del amor? Si, como dice el viejo proverbio «en el amor y en la guerra todo vale», podríamos pensar que sí, sin embargo el «todo vale» es cuestionable ya que pueden haber caminos mejores que otros.

Cuando hay conexión con aquél que nos gusta, cuando hay empatía el único problema parece ser mantener ese estado de gracia (*que todo siga igual o vaya a mejor*), pero cuando hay resistencias y las cosas no son tan fluidas, entonces hablamos de la «guerra del amor».

La astucia, la preparación adecuada, la planificación, la sabiduría de avanzar o de esperar y saber aprovechar el momento oportuno son las «armas» que se proponen en esta interpretación de *El arte de la guerra,* un tratado chino antiquísimo, para hacer que el «enemigo» claudique y se rinda a nuestros pies.

El éxito o el fracaso de la conquista dependerá de cómo hagamos esta guerra y de cuánto nos preparemos.

Todo lo que hay escrito en estas páginas es aprovechable para quebrar esas resistencias con las que nos podemos encontrar a diario y que quizás no sabemos cómo manejar sin caer en el descontrol de los actos o las palabras y que no hace sino empeorar la situación.

Pero antes de pasar a tácticas y estrategias, comentaremos cuáles son las bases, de dónde y de quién vienen estas enseñanzas y cómo podemos utilizarlas en beneficio propio.

## El autor y su obra

*El arte de la guerra* fue escrito en la China del siglo V a.C. por el general Sun-Tzu, que fue un gran experto en las artes marciales y que llegó a formular los preceptos de este libro en las prácticas de meditación. Sus escritos alcanzaron una amplia difusión en China como valiosa fuente de enseñanzas. Las artes marciales recogieron el testigo y erigieron como regla principal la máxima que dicta: **la estrategia es superior a la violencia y la inteligencia mejor que la brutalidad** (el arte supremo es someter al enemigo sin luchar). En la antigua China la guerra se consideraba como un asunto de caballeros y por lo tanto estaba regida por unos códigos aceptados por las partes litigantes. Así, el texto de Sun-Tzu fue incorporado como la maestría en el «combate inteligente».

Desde entonces, *El arte de la guerra* ha inspirado a generaciones de políticos, diplomáticos, militares y hombres de Estado tanto de Oriente como de Occidente y en la actualidad, dada la vigencia de sus reflexiones, se estudia en carreras afines a la política y también en escuelas de negocios para ser aplicado al mundo empresarial.

En definitiva se trata de un libro que atiende a las relaciones humanas, a los conflictos que de éstas surgen y a la mejor manera de obtener resultados satisfactorios, ya sea un conflicto entre países, entre amantes o entre empresarios. Las reglas propuestas por Sun-Tzu parecerán generales y perpetuas, pero según el autor sólo representan una guía que puede ir variando según las circunstancias.

El texto original, aparentemente sencillo y fácil, encubre un sinnúmero de sentidos y de alguna manera recuerda la complejidad en la comprensión de sus textos a otros escritos orientales con profundas enseñanzas como el *I Ching* y el *Tao Te King*.

## Las tres cuestiones

Sun-Tzu considera tres puntos fundamentales en la planificación de la estrategia, y que ahora aplicaremos al ámbito amoroso: el terreno, el enemigo y el clima.

**El terreno.** Es el ámbito en el que se desarrolla el conflicto con el otro. El terreno donde «combatiremos» tiene que ver con el lugar donde nos encontremos con nuestro hombre: el dormitorio, la oficina, el vecindario, el gimnasio, etc. Según Sun-Tzu cuando conocemos bien el terreno y el clima, la victoria es total.

Considera seis tipos de terreno:

1. *Tong.* Son aquellos terrenos que podemos atravesar con la misma facilidad que nuestras adversarias. La idea principal es tomar distancia para poder observar mejor la situación. Sun-Tzu también habla de «mantener protegidas las vías de aprovisionamiento», máxima que podemos aplicar a algún compinche amparado en el anonimato, o a ciertas ideas que tengamos en mente y que nos pudieran resultar útiles en cierto momento.

2. *Gua.* Se refiere a situaciones de alto riesgo donde podemos atraparle… ¡o que él nos atrape a nosotras! En ese caso lo único con lo que podamos contar es la total discreción; nuestro hombre no debe darse cuenta de que nos tiene «coladas».

3. *Zhi.* Es la situación en la que no tenemos ninguna ventaja sobre el otro, pero él tampoco la tiene sobre nosotras. Aquí imperan dos actitudes: la humildad (que será útil para despistar) y la astucia (atacar cuando el otro baje las defensas).

4. *Ai.* Es el «terreno estrecho», que invita a tomar una buena posición antes de que aparezca nuestro hombre. Si la posición de liderazgo la ejerce una rival, hay que evitar cualquier ataque agresi-

vo; mejor será buscar una guarida donde fortalecerse y esperar el momento adecuado.

5. *Xian.* Es el «terreno escarpado», una buena posición en la que únicamente hay que vigilar los pasos del adversario para que no nos sorprenda desprevenidas.

6. *Yuan.* Cuando nos separa la distancia, no podemos iniciar conquistas. No es posible alimentar una relación ni mantener la situación bajo control. Sólo nos quedan recursos como pactar o negociar acercamientos.

**El enemigo.** En este caso particular, ya comentamos que será alguien que queremos conquistar, que deseamos o alguien con quien ya iniciamos algún tipo de acercamiento y que deseamos solidificar porque nos importa mucho.

**El clima.** Es el entorno en el que se desarrollan nuestras actividades, así como el momento en el que emprenderemos una acción determinada.

## Las cinco condiciones para la victoria

No es casual que Sun-Tzu señale **5** condiciones para la victoria ya que ese número es omnipresente en la filosofía taoísta china.* Comentamos cuáles son.

* Hay cinco elementos que están representados en todas las cosas del Universo: madera, fuego, tierra, metal y agua.

**1.ª condición**. «Ganará aquél que sepa cuándo luchar y cuándo no luchar». Para triunfar hay que saber elegir el momento idóneo para entrar a la conquista de nuestro hombre y saber cuándo no es buen momento. Elegir el momento oportuno otorga una ventaja inicial y un cierto control de la situación.

**2.ª condición**. «Ganará aquél que sepa cómo manejar fuerzas tanto superiores como inferiores». Hay que saber planear la estrategia más adecuada en función del poder de nuestro hombre. Por ejemplo si éste fuera más potente que nosotras (por carácter, por seguridad, etc.), será necesario ponerse a la defensiva pero si fuera más débil (tal vez tímido), podemos «atacar» o actuar con mayor seguridad. Pero nunca hay que subestimarle.

**3.ª condición**. «Ganará aquél cuyo ejército esté animado por el mismo espíritu en todas sus filas». Lo importante que es mantener la concentración en el propósito de la conquista. La dispersión es peligrosa.

**4.ª condición**. «Ganará aquel que, habiéndose preparado, espere coger por sorpresa al enemigo». Nos enseña lo esencial del «factor sorpresa» y —más importante aún- la preparación concienzuda. Cuanto más conozcamos a nuestro hombre y a nuestros propios puntos débiles y cuanto más analicemos aquello que nos estorba para estar más cerca, mejores estrategias podremos elaborar y más fácil será anticiparnos a sus movimientos. Sun-Tzu sostiene que «si conoces bien al enemigo y te conoces a ti mismo, no tienes por qué temer el resultado de cien batallas».

**5.ª condición..** «Ganará aquel que posea capacidad militar y cuyas acciones no se vean interferidas por las del soberano», es decir que una vez fijado el objetivo, nada ni nadie debería interferir en la realización del plan.

## Las enseñanzas esenciales de Sun-Tzu

*El arte de la guerra* contiene cientos de máximas que podemos aplicar para elaborar nuestros planes y lo ideal es volver a leer lo que nos sea útil las veces que sea necesario hasta que el concepto esté clarificado en nuestra mente. En ocasiones es posible que no entendamos algún texto, sin embargo si lo volvemos a leer en otro momento su significado puede llegarnos como una luz; todo depende del estado en que nos encontremos, de nuestra apertura.

La estrategia adecuada nos dice que no nos precipitemos, que no demos pistas, ni confiemos en exceso; siempre hay que mantener la discreción respecto a nuestras intenciones y prepararse a fondo tanto para «atacar» como para «ser atacado». No olvidemos que el oponente también puede tener sus trucos.

Como «aperitivo», aquí tenemos algunas de las enseñanzas que encontraremos en estas páginas:

- Evita el combate que no puedas ganar. Es decir que si el hombre que deseamos aparece de pronto con la noticia de que se casa… mejor cambiamos de objetivo.

- Si quieres ganar, ataca allí donde no hay defensa. La cuestión será averiguar su punto débil.
- El que gana un combate es fuerte, pero el que vence antes de combatir es poderoso. Es decir que a veces la victoria puede darse antes de lo que pensamos.
- La invencibilidad reside en la defensa, las oportunidades de victoria en el ataque.
- Lo que favorece al enemigo nos perjudica a nosotras y lo que nos favorece a nosotras perjudica al enemigo.
- El principal objetivo es lograr la victoria, no el mantener costosas campañas prolongadas. Si el plan se alarga mucho hemos de revisar si ese objetivo (nuestro hombre) es viable.
- La excelencia suprema consiste en quebrar la resistencia del enemigo sin luchar. ¡Cuántos encantos podemos aplicar!
- La maniobra en la guerra consiste en convertir una situación desfavorable en ventajosa.

Sun-Tzu habla a menudo del camino del Tao, de la armonía que es en definitiva el fin que ha de perseguir la «buena guerra». Es decir que no elaboramos un plan para alimentar nuestro ego, ni para vengarnos de otro sino para conseguir estar mejor, más felices.

Podríamos concluir con que así debería ser la «guerra perfecta», ni agresiones, ni lanzas, sino estrategia pura, un camino sutil pero tremendamente efectivo para conseguir los objetivos deseados.

# EL ARTE
## DE LA
# GUERRA

# Trazar planes

(**1**) Sun-Tzu dijo: el arte de la guerra[1] es de vital importancia para el Estado.[2]

(**2**) Es una cuestión de vida o muerte, un camino que conduce a la seguridad o a la ruina.[3] De ahí que sea objeto de una indagación que de ningún modo puede ser descuidada.[4]

1. La estrategia, la planificación a conciencia de las acciones a seguir.
2. Para nosotras mismas y para los objetivos que deseemos conseguir (conquistar el amor del otro).
3. Es una cuestión de ver cómo se cumplen los propósitos  o de quedarse en la insatisfacción.
4. La estrategia ha de ser bien estudiada, sin dejar nada al azar.

**3** El arte de la guerra, pues, está gobernado por cinco factores constantes, que hay que tener en cuenta en las deliberaciones,[5] cuando se trate de determinar las condiciones imperantes en el campo.[6]

**4** Esos factores son: la ley moral, el cielo, la tierra, el comandante, el método y la disciplina.

**5** y **6** La ley moral hace que la gente esté de completo acuerdo con su gobernante, de modo que lo seguirán con desprecio de sus vidas, sin desmayo y ante cualquier peligro.[7]

**7** Cielo significa noche y día, con frío y calor, en todos los tiempos y estaciones.[8]

**8** Tierra abarca las distancias, grandes y pequeñas, en el peligro y en la seguridad, en terreno abierto

---

5. En el momento de planear la estrategia
6. Las condiciones del ámbito en el que se desarrollará el «combate».
7. Es la unión armónica de nuestros objetivos con nuestros principios; esa será la motivación fundamental para seguir adelante. Nada de «guerras sucias».
8. Mantener presente el objetivo todo el tiempo; **no bajar la guardia**.

y en pasos estrechos, en lo que depare la vida y en la muerte.[9]

**(9)** El comandante representa la sabiduría, la sinceridad, la benevolencia, el valor y el rigor.[10]

**(10)** Por método y disciplina se entiende la formación del ejército en sus correspondientes subdivisiones, las graduaciones de rango entre los oficiales, el mantenimiento de las carreteras por las que llegan los suministros al ejército y el control del gasto militar.[11]

**(11)** Todo general debe estar familiarizado con estas cinco secciones; aquel que las conozca alcanzará la victoria y no fracasará.

**(12)** Por eso, en tus deliberaciones, cuando trates de determinar la situación militar[12] deja que sean ellas las que formen la base de una comparación, de este modo:

**(13)** ¿Cuál de los dos soberanos[13] está imbuido con la ley moral?

9. La **disposición a afrontar las adversidades** que se presenten; aceptar tanto los malos momentos como los buenos.
10. Esas cualidades han de ser las que guíen nuestros propósitos.
11. Es necesario que apliquemos método y disciplina en nuestros actos tanto como en nuestras palabras y en nuestros pensamientos.
12. Cuando analicemos la situación.
13. Nosotras y el adversario ¿quién mantiene sus objetivos en concordancia con sus principios y valores?

(**14**) Por medio de estas siete consideraciones, puedo predecir la victoria o la derrota.

1. ¿Qué dirigente es más sabio y capaz y de parte de cuál está el Tao?[14]
2. ¿Qué comandante posee el mayor talento?
3. ¿Qué ejército obtiene ventajas de la naturaleza y el terreno?[15]
4. ¿En qué ejército se observan mejor los reglamentos y las instrucciones?[16]
5. ¿Qué tropas son más fuertes y están mejor equipadas?[17]
6. ¿Qué ejército tiene oficiales y tropas mejor entrenados?[18]
7. ¿Qué ejército administra recompensas y castigos de forma más seria y justa?

(**15**) El general que escucha mi consejo y actúa en consonancia, conquistará: ¡deja que sea él quien conserve el mando! El general que no escuche mi consejo ni actúe de acuerdo con él, sufrirá la derrota: ¡destitúyelo!

14. El Tao es el sendero, el camino de la armonía.
15. Quién de los dos lleva ventajas por su posición —quizás de poder, de temperamento—, o por su preparación en el ámbito en que se encuentran. ¿Será un amante avezado, experto? ¿y nosotras?
16. *Ibíd.*
17. *Ibíd.*
18. *Ibíd.*

**16** Al aceptar el beneficio de mi consejo, aprovecha también cualquier circunstancia útil que se presente, incluso más allá de las reglas ordinarias.

**17** Se deberían modificar los planes de acuerdo con las circunstancias, cuando éstas sean favorables.[19]

**18** Todo el arte de la guerra se basa en el engaño.

**19** De ahí que, cuando podamos atacar, debemos parecer incapaces; cuando utilicemos nuestras fuerzas, debemos parecer inactivos; cuando estemos cerca, tenemos que hacer creer al enemigo que nos hallamos lejos; cuando estamos lejos, tenemos que hacerle creer que nos hallamos cerca.

**20** Mostremos nuestros cebos para atraer al enemigo. Finjamos desorden y aplastémoslo.

---

19. Hay que estar lo suficientemente abiertas y atentas como para utilizar a nuestro favor circunstancias imprevistas; incluso hasta considerar la posibilidad de modificar planes si la situación así lo aconseja. Tal vez encontrarse casualmente a solas puede ser un buen ejemplo de «circunstancias favorables». No importa que no estemos tan preparadas como nos gustaría ¡se trata de aprovechar el momento! Imaginemos que coincidimos en un lugar (buena señal, las coincidencias no existen), sólo con mirar directamente a los ojos estaremos diciendo mucho incluso cuando no se nos ocurra nada que decir.

**21** Si los puntos del enemigo son fuertes, prepárate para su ataque. Si tiene una fuerza superior, evítalo.

**22** Si tu oponente posee un temperamento colérico, procura irritarlo. Finge ser débil, para que se vuelva arrogante.[20]

**23** Si se toma las cosas con tranquilidad, no le des tregua. Si sus fuerzas están unidas, sepáralas.

**24** Atácalo allí donde no esté preparado, aparece allí donde no te espere.[21]

**25** Estas estratagemas militares, que conducen a la victoria, no se deben divulgar de antemano.

**26** Ahora, el general que gana una batalla hace muchos cálculos en su tienda antes de librar la batalla.

20. Si conseguimos que el adversario «pierda los papeles» (sin perderlos nosotras también), se desequilibrará y sus estrategias se derrumbarán. Los celos podrían ser un condimento irritante para nuestro hombre.
21. Juguemos con el elemento sorpresa: desconcertar, confundir puede desarmar al más pintado, sobre todo si son cosas que no se espera. Por ejemplo comentar con él sobre una chica guapa que hay en un restaurante o que nos cruzamos por la calle: ¿has visto que *tipazo* tiene esa mujer?, es mona ¿verdad? Suele ser un comentario bastante inesperado, porque lo predecible sería que nos pusiéramos celosas. También animarlo para que vaya a ver el fútbol con sus amigos y mostrarnos encantadoras. Tal vez hasta se quede con la duda sobre qué haremos cuando él esté mirando fútbol…

# Hacer la guerra

**1** Sun-Tzu dijo: en las operaciones de guerra, cuando se dispone sobre el terreno de mil carros rápidos, otros tantos carros pesados y cien mil soldados vestidos con cota de malla, con vituallas suficientes para avanzar, el gasto en el hogar y en el frente, incluida la diversión para los invitados y pequeñas partidas como pegamento y pintura y las sumas gastadas en los carros y las armaduras, ascenderán a un total de mil onzas de plata al día. Ese es el coste de crear un ejército de cien mil hombres.[22]

22. A menos que nuestro objetivo requiera un gasto económico real (tal vez una renovación de vestuario, de lencería, etc.) el capital necesario estará en nuestro cerebro.

(**2**) Cuando te lances a la verdadera lucha, si la victoria tardase en llegar, las armas de los hombres perderán su filo y su ardor se amortiguará. Si pones sitio a una ciudad, agotarás su fortaleza.[23]

(**3**) Una vez más, si se retrasa la campaña, se pondrán a prueba los recursos del Estado.

23. El plan de acción para conseguir a nuestro hombre no se ha de alargar innecesariamente porque corremos el riesgo de entrar en la desmoralización, además de que otras rivales podrían aprovechar la situación en su propio beneficio y nuestra posición se vería gravemente debilitada.

**4** Cuando tus armas hayan perdido su filo, tu ardor se haya amortiguado, tu fortaleza se haya agotado y tu tesoro se haya gastado, surgirán otros jefes para aprovecharse de tu apurada situación. Entonces, nadie, por sabio que sea, podrá impedir las consecuencias que de ello se derivarán.[24]

**5** Así pues, aunque hemos oído hablar de una estúpida precipitación en la guerra, nunca se ha visto la inteligencia asociada con prolongados retrasos.

**6** No ha habido un solo caso de un país que se haya beneficiado de una prolongada guerra.

**7** Únicamente aquel que está meticulosamente familiarizado con los males de la guerra, es capaz de comprender meticulosamente la forma más provechosa de llevarla a cabo.

**8** El soldado habilidoso no tiene necesidad de hacer una segunda leva, ni de cargar dos veces sus carros de avituallamiento.

**9** Lleva contigo el material de guerra desde el hogar, pero forrajea en terreno enemigo. Así, el ejército dispondrá de alimentos suficientes para cubrir sus necesidades.[25]

---

24. *Ibíd.*
25. Al respecto, el comentarista Li-Quan dijo que «si tienes armas propias y le puedes quitar las provisiones al enemi-

**⑩** La pobreza de la hacienda del Estado hace que un ejército se tenga que mantener con contribuciones obtenidas a distancia. Contribuir a mantener un ejército a distancia hace que la gente se empobrezca.

**⑪** Por otro lado, la proximidad de un ejército hace que aumenten los precios y los precios altos agotan la sustancia de la gente.

**⑫** Una vez agotada su sustancia, el campesinado se verá afligido por graves exacciones.

**⑬** y **⑭** Con esta pérdida de sustancia y este agotamiento de la fortaleza, los hogares de la gente se quedarán vacíos y se disiparán las tres décimas partes de sus ingresos; mientras tanto, los gastos del gobierno causados por carros rotos, caballos agotados, petos y cascos, arcos y flechas, lanzas y escudos, mallas protectoras, bueyes de tiraje y carros pesados ascenderán a cuatro décimas partes de sus ingresos totales.[26]

---

go, nada te faltará aunque la lucha se desarrolle lejos.» Esas citadas «armas propias» pueden ser nuestra astucia, nuestra inteligencia, nuestro poder de seducción, nuestra seguridad u otras cualidades destacables que pueden desarmar, agotar y dejar sin recursos al amante más resistente («quitar las provisiones al enemigo»).

26. *Ibíd.*

**(15)** De ahí que un general sabio procura forrajear en terreno del enemigo. Un carromato de provisiones del enemigo equivale a veinte de los propios y, del mismo modo, un solo *picul* de sus provisiones equivale a veinte de los del propio almacén.

**(16)** Por ello, en una lucha entre carros, cuando se hayan tomado diez o más carros, se debe recompensar a quienes tomaron el primero. Nuestras banderas deben ser sustituidas por las del enemigo y los carros se mezclarán y usarán en conjunción con los nuestros. Los soldados prisioneros deben ser bien tratados y protegidos.[27]

**(17)** De esto se dice que es utilizar al enemigo conquistado para aumentar la propia fortaleza.[28]

**(18)** En la guerra, pues, que tu principal objetivo sea la victoria, no campañas prolongadas.

**(19)** Así, puede llegar a saberse que el jefe de los ejércitos es el árbitro del destino del pueblo, el hombre de quien depende que la nación viva en paz o en peligro.

27. A medida que ganemos terreno hay que analizar cuidadosamente todo lo que pueda aprovecharse de esa nueva situación (por ejemplo la confianza) para aumentar nuestra «potencia». De esto dice el comentarista Jo-Yanxi: «si usas a tu enemigo para derrotar a tu enemigo, serás fuerte donde vayas».

28. *Ibíd.*

❸

# Estratagemas

**①** Sun-Tzu dijo: en el arte práctico de la guerra, lo mejor de todo es apoderarse del país del enemigo, completo e intacto; destrozarlo y destruirlo no es tan bueno. Así, también es mejor capturar a un ejército que destruirlo, capturar a un regimiento, destacamento o compañía en lugar de destruirlos.[29]

**②** Por ello, luchar y vencer en todas tus batallas no es la excelencia suprema; la excelencia suprema consiste someter al enemigo sin luchar.[30]

---

29. El lema es «conquistar con arte». Dejemos de lado la agresividad; que el otro se rinda a nuestros encantos sin que le presionemos.
30. *Ibíd.*

(3) Así, la forma superior de generalato es impedir los planes del enemigo; la siguiente mejor es evitar la unión de las fuerzas del enemigo; la siguiente es atacar al ejército del enemigo en el campo y la peor política de todas es la de asediar ciudades amuralladas.[31]

31. No vamos a invadir un terreno en el que estemos en inferioridad de condiciones. Si nuestro hombre está cerrado («amurallado») y no vemos cómo abordarlo, será necesaria una esmerada preparación previa.

(**4**) La regla es: no asediar ciudades amuralladas si eso se puede evitar. La preparación de manteletes, refugios móviles y las diversas herramientas de la guerra ocuparán hasta tres meses enteros.[32]

(**5**) El general incapaz de controlar su irritación, lanzará a sus hombres al asalto como un enjambre de hormigas, con el resultado de que una tercera parte de sus hombres serán destrozados, mientras que la ciudad se mantiene incólume. Estos son los efectos desastrosos de un asedio.[33]

(**6**) Por ello, el jefe habilidoso somete a las tropas del enemigo sin luchar, se apodera de sus ciudades sin asediarlas, derriba su reino sin prolongadas operaciones en el campo.[34]

(**7**) Con sus fuerzas intactas, disputará el dominio del imperio y así, sin perder un solo hombre, su triunfo será completo. Este es el método de atacar con estratagema.

32. *Ibíd.*
33. Si no somos capaces de controlarnos y perdemos los nervios queriendo atacar sin medir las consecuencias, los resultados serán contrarios a los que deseamos obtener. Quedaremos en evidencia como unas «desesperadas».
34. Hemos de presentar batalla de un modo inteligente y no agresivo. Utilicemos la astucia, la preparación y la planificación cuidadosa.

(**8**) Es una regla de la guerra que si nuestras fuerzas superan a las del enemigo en una proporción de diez a uno, hay que rodearlo; si lo superan en una proporción de cinco a uno, hay que atacarlo; si las fuerzas enemigas son el doble de numerosas, hay que dividir nuestro ejército en dos.

(**9**) Si las fuerzas contendientes son equivalentes, podemos plantear batalla; si nuestro número es ligeramente inferior, podemos evitar al enemigo; y si nuestras fuerzas son muy desiguales en todos los sentidos, podemos huir.

(**10**) De ahí que, aunque una fuerza pequeña pueda ofrecer una lucha obstinada, al final será capturada por una fuerza más grande.[35]

(**11**) El general es el baluarte del Estado. Si el baluarte está completo en todos los puntos, el Estado será fuerte; si el baluarte es defectuoso, el Estado será débil.[36]

---

35. Un hombre tímido o temeroso del compromiso puede ofrecer resistencia pero si conseguimos enamorarle, se rendirá a «la fuerza más grande».
36. Aquí cuenta la seguridad y la confianza que tengamos en nosotras mismas. Si esto falla, nos volvemos débiles, vulnerables ante el primer revés.

**(12)** Hay tres formas mediante las cuales un gobernante puede provocar que la desgracia caiga sobre su ejército:[37]

◎ Al ordenar al ejército que avance o retroceda, ignorando el hecho de que no puede obedecer. A eso se le llama hacer cojear al ejército.[38]

◎ Al tratar de gobernar un ejército de la misma forma que administra un reino, ignorando las condiciones que reinan en un ejército. Eso provoca inquietud en las mentes de los soldados.[39]

◎ Al emplear a los oficiales de su ejército sin discriminación, ignorando el principio militar de la adaptación a las circunstancias. Eso hace flaquear la confianza de los soldados.[40]

**(13)** Pero cuando el ejército está inquieto y no es digno de confianza, puedes estar seguro de que los otros

37. Sobre nosotras mismas.
38. Cuidado con las órdenes que nos damos. Cuando estamos enamoradas no obedecemos al sentido común.
39. El hombre que deseamos no es igual a todos los hombres, de ahí que nuestro trato sea diferente. Los nervios que conlleva el asunto pueden hacer que cometamos errores.
40. Ir adaptándose a las circunstancias es un punto importante. Recordemos que el estar enamoradas nos hace más vulnerables y muchas veces no nos permite ver con claridad.

príncipes feudales darán problemas. Eso invita a que la anarquía se difunda por el ejército y aleja las posibilidades de victoria.[41]

(**14**) Así, sabemos que hay cinco condiciones esenciales para la victoria:

◎ Ganará aquel que sepa cuándo luchar y cuándo no luchar.

◎ Ganará aquel que sepa cómo manejar fuerzas tanto superiores como inferiores.

◎ Ganará aquel cuyo ejército esté animado por el mismo espíritu en todas sus filas.

◎ Ganará aquel que, habiéndose preparado, espere coger por sorpresa al enemigo.

◎ Ganará aquel que posea capacidad militar y cuyas acciones no se vean interferidas por las del soberano.

(**15**) De ahí el dicho: «si conoces bien al enemigo y te conoces bien a ti mismo, no tienes por qué temer el resultado de cien batallas». Si te conoces bien a ti mismo, pero no al enemigo, por cada victoria que alcances sufrirás también una derrota. Si no conoces al enemigo ni te conoces a ti mismo, sucumbirás en cada batalla.

41. Si nos mostramos nerviosas y torpes delante de él, no sólo nos ponemos en evidencia gratuitamente sino que nos desarmamos y quizás abrimos la puerta para que entren otras rivales.

# Tácticas

**1** Sun-Tzu dijo: los buenos luchadores antiguos se situaban primero más allá de la posibilidad de la derrota y luego esperaban una oportunidad para derrotar al enemigo.[42]

**2** Está en nuestras manos asegurarnos contra la derrota, pero la oportunidad para derrotar al enemigo nos la proporciona el propio enemigo.[43]

42. Conocer nuestros puntos débiles y los del otro es la clave para adoptar la mejor estrategia que nos lleve a la victoria. Zang-Yu decía: «Conocerse a sí mismo es hacerse invulnerable y conocer a los demás es buscar la vulnerabilidad del enemigo».

43. *Ibíd.*

**3** Así, el buen luchador es capaz de asegurarse contra la derrota, pero no puede tener la seguridad de derrotar al enemigo.[44]

**4** De ahí el dicho: uno puede saber cómo conquistar, sin ser capaz de hacerlo.[45]

**5** Asegurarse contra la derrota supone aplicar tácticas defensivas; la habilidad para derrotar al enemigo supone pasar a la ofensiva.

**6** Ponerse a la defensiva indica fortaleza insuficiente; pasar al ataque indica una gran abundancia de fortaleza.

**7** El general que resulta muerto en la defensa, se oculta en los más secretos recovecos de la tierra; aquel que muere en el ataque deslumbra des-

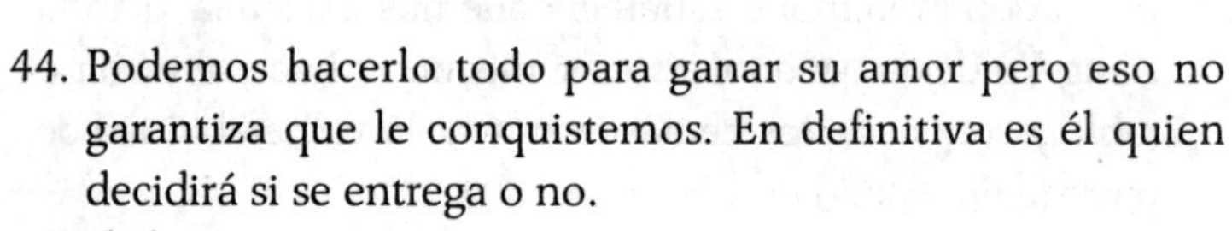

44. Podemos hacerlo todo para ganar su amor pero eso no garantiza que le conquistemos. En definitiva es él quien decidirá si se entrega o no.

45. *Ibíd.*

de las más elevadas alturas del cielo. Así pues, tenemos, por un lado, habilidad para protegernos y, por el otro, una victoria que es completa.

**(8)** Ver la victoria únicamente cuando la sabe reconocer hasta el más común de los mortales no es el colmo de la excelencia.

**(9)** Tampoco es el colmo de la excelencia luchar y conquistar y que todo el imperio diga: «¡Bien hecho!».

**(10)** Echar una cana al aire no es señal de gran fortaleza; ver el sol y la luna no es señal de vista aguda; escuchar el trueno no indica oído fino.

**(11)** Lo que los antiguos llamaban un luchador inteligente es aquel que no sólo gana, sino que destaca en ganar con facilidad.

**(12)** De ahí que sus victorias no le proporcionen ni fama por sabiduría ni crédito por valor.

**(13)** Gana sus batallas al no cometer errores. No cometer errores es lo que establece la certidumbre de la victoria, ya que significa conquistar a un enemigo que ya está derrotado.[46]

---

46. El no cometer errores alude a la planificación estudiada y correctamente ejecutada. Hemos de considerar las posiciones que nos hacen menos vulnerables y desde las que tenemos más posibilidades de vencer en el «ataque». El terreno sexual puede ser esa «buena posición».

(**14**) De ahí que el luchador habilidoso se sitúe en una posición que haga imposible la derrota y no pase por alto el momento para derrotar al enemigo.[47]

(**15**) Por eso es que, en la guerra, el estratega victorioso sólo busca la batalla después de haber obtenido la victoria, mientras que aquel destinado a la derrota lucha primero y luego busca la victoria.[48]

(**16**) El líder consumado cultiva la ley moral y se atiene estrictamente al método y a la disciplina; por eso está en su poder controlar el éxito.[49]

(**17**) Por lo que respecta al método militar tenemos, primero, medición; segundo, estimación de la cantidad; tercero, cálculo; cuarto, sopesar las posibilidades; quinto, la victoria.

47. *Ibíd.*
48. Si somos «guerreras habilidosas» le daremos «guerra» a nuestro hombre una vez le hayamos conquistado y no al revés. Siempre hemos de apostar cuando estemos seguras de ganar y no dejaremos escapar oportunidades.
49. La ley moral es el camino del Tao, de la armonía universal. El éxito de las acciones en la guerra amorosa dependerá en gran medida de cuán alineadas estemos con esa senda. La «buena vencedora» busca conquistar al otro para traer más armonía, no para vengarse de un ex que le ha dejado o para «dar envidia» a otras mujeres.

**(18)** La medición debe su existencia a la tierra, la estimación de la cantidad a la medición, el cálculo a la estimación de la cantidad, el sopesar las posibilidades al cálculo y la victoria a haber sopesado las posibilidades.

**(19)** Un ejército victorioso, en contraposición con otro derrotado, es como colocar una libra de peso en un lado de la balanza y un solo gramo en la otra.

**(20)** La embestida de una fuerza conquistadora es como el estallido de aguas contenidas en un abismo de mil brazas de profundidad.

⑤

# La fuerza

**①** Sun-Tzu dijo: el control de una gran fuerza sigue el mismo principio que el control de unos pocos hombres: sólo es cuestión de dividir su número.

**②** Luchar con un gran ejército bajo tu mando no es diferente a luchar con un ejército pequeño: sólo es cuestión de instituir indicadores y señales.[50]

**③** Asegúrate de que tus huestes puedan resistir lo más recio del ataque enemigo y mantenerse incólumes;

---

50. No te engañes, el tamaño no es tan importante. ¿Más alta, más baja? ¿Pechos grandes, pechos pequeños? Lo que importa es que el mensaje llegue a su destinatario.

eso se consigue mediante maniobras directas e indirectas.[51]

**(4)** Que el impacto de tu ejército sea como el de una piedra de moler contra un huevo; eso se consigue mediante el conocimiento de los puntos débiles y fuertes.[52]

**(5)** En toda lucha se puede utilizar el método directo para unirse a la batalla, pero se necesitarán los métodos indirectos para asegurar la victoria.

**(6)** Las tácticas indirectas, eficientemente aplicadas, son tan inagotables como el cielo y la tierra, tan interminables como el fluir de ríos y corrientes; como el sol y la luna, terminan para recomenzar de nuevo; como las cuatro estaciones, pasan para regresar una vez más.

**(7)** No hay más de cinco notas musicales y, sin embargo, las combinaciones de esas cinco dan lugar a más melodías de las que se pueden escuchar.

---

51. Hemos de estar lo suficientemente preparadas para resistir los «ataques» del otro como que nos ignore, que nos cancele citas, o que no nos llame cuando dice que va a hacerlo. No sólo no se ha de notar que sus desplantes nos afectan sino que debemos hacer nuestras propias maniobras atacando justo en sus puntos débiles.

52. *Ibíd.*

**8** No hay más de cinco colores elementales (azul, amarillo, rojo, blanco y negro) y, sin embargo, sus combinaciones producen más tonalidades de las que se pueden ver.

**9** No hay más que cinco gustos cardinales (agrio, ácido, salado, dulce, amargo) y, sin embargo, sus combinaciones producen más sabores de los que se pueden probar.

**10** En la batalla sólo hay dos métodos de ataque, el directo y el indirecto; y, sin embargo, estos dos métodos combinados dan lugar a una serie interminable de maniobras.

**11** El método directo y el indirecto conducen el uno al otro. Es como moverse en un círculo: nunca se llega al final. ¿Quién puede agotar las posibilidades de su combinación?

**12** La arremetida de las tropas es como la acometida de un torrente que hará rodar incluso las piedras a lo largo de su curso.

**13** La calidad de la decisión es como el súbito y bien coordinado descenso del halcón que le permite asestar el golpe mortal y vencer a su víctima.

**14** Por ello, el buen luchador será terrible en su acometida y rápido en su decisión.

**15** La energía se puede equiparar a tensar una ballesta; la decisión a soltar el gatillo.

**16** En medio de la confusión y el tumulto de la batalla, puede haber un aparente desorden y, sin embargo, ningún verdadero desorden; en medio de la confusión y el caos, es probable que tu orden de batalla no tenga pies ni cabeza, pero estará a prueba contra la derrota.

**17** El desorden simulado exige una disciplina perfecta, pero el temor simulado exige mucho valor, mientras que la debilidad simulada exige fortaleza.

**18** El orden oculto bajo el manto del desorden es, simplemente, una cuestión de subdivisión; ocultar el valor bajo una apariencia de timidez presupone disponer de una reserva de energía latente; enmascarar la fortaleza con la debilidad se consigue mediante disposiciones tácticas.

(19) Así, alguien habilidoso en mantener al enemigo en movimiento hace engañosas las apariencias, de acuerdo con las cuales actuará el enemigo. Sacrifica algo de lo que el enemigo pueda apoderarse.[53]

(20) Al ponerle cebos, lo mantiene en movimiento mientras que, con un cuerpo de hombres escogidos, se agazapa a la espera.[54]

(21) El combatiente inteligente busca el efecto de la energía combinada y no exige demasiado de los individuos. De ahí su habilidad para escoger a los hombres adecuados y para utilizar la energía combinada.

(22) Al utilizar la energía combinada, sus combatientes son como troncos o piedras que ruedan colina

---

53. El cebo podría ser algo que le interese a nuestro hombre y que signifique una pequeña pérdida para nosotras en comparación con el premio final. Imaginemos que a él le encanta el fútbol y le invitamos a ver un partido (es una pequeña pérdida de dinero y de tiempo en caso de que el fútbol no nos interese en absoluto), eso distraerá su atención y nos dará una oportunidad de actuar y sorprenderle… abrazándole cuando marquen gol, por ejemplo.
54. *Ibíd.*

abajo. Pues es propio de la naturaleza de un tronco o de una piedra el permanecer inmóviles en terreno plano y el moverse en una ladera; si tienen aristas, se quedan quietos, pero si sus formas son redondeadas, ruedan hacia abajo.

**(23)** Así, la energía desarrollada por los buenos combatientes es como el ímpetu de una piedra redonda que rueda montaña abajo desde miles de pies de altura. Hasta aquí sobre el tema de la energía.

**6**

# Puntos débiles y fuertes

**1** Sun-Tzu dijo: aquel que llegue primero al campo de batalla y espere la llegada del enemigo, estará fresco para la lucha; aquel que llegue segundo al campo de batalla y tenga que apresurarse para aprestarse a la batalla, llegará a ésta exhausto.

**2** El combatiente inteligente impone su voluntad al enemigo y no permite que éste le imponga la suya.

**3** Al mantener sus ventajas, puede hacer que el enemigo se le aproxime por decisión propia; al infligirle un daño, hace imposible que se le acerque más.

**4** Si el enemigo se tomara su tiempo, puede hostigarlo; si dispone de buenos suministros de comida, puede hacerle pasar hambre; si acampa tranquilamente, puede obligarlo a moverse.

**5** Aparece en aquellos puntos a los que el enemigo tenga que acudir presurosamente a defender; marcha con rapidez para llegar a lugares en los que no seas esperado.

**6** Un ejército puede recorrer grandes distancias sin agotamiento, siempre y cuando marche por un terreno no ocupado por el enemigo.

**(7)** Puedes estar seguro de alcanzar éxito en tus ataques si únicamente atacas aquellos lugares que no están defendidos. Puedes procurar la seguridad de tu defensa si únicamente mantienes posiciones que no puedan ser atacadas.

**(8)** De ahí que sea hábil en el ataque aquel general cuyo contrincante no sepa qué defender, y será hábil en la defensa aquel cuyo contrincante no sepa qué atacar.

**(9)** ¡Oh, divino arte de la sutileza y el secreto! A través de ti aprendemos a ser invisibles e inaudibles; por ello, podemos poner el destino del enemigo en tus manos.[55]

**(10)** Puedes avanzar y ser absolutamente irresistible si te lanzas contra los puntos débiles del enemigo; puedes retirarte y estar a salvo de toda persecución si tus movimientos son más rápidos que los del enemigo.

**(11)** Si deseamos luchar, se puede obligar al enemigo a un combate, aunque esté protegido tras una alta muralla y un profundo foso. Lo único que tenemos que

55. Dicen los orientales que «el secreto protege», es decir que mantener en el anonimato nuestros planes de conquista es una gran ventaja a favor. Hay que recordar esto antes de que el entusiasmo nos lleve a decir por ahí frases impropias que nos delaten.

hacer es atacar cualquier otro lugar que él se vea obligado a socorrer.

**(12)** Si no deseamos luchar, podemos prevenir que el enemigo nos obligue a combatir, aunque las líneas de nuestro campamento apenas estén trazadas sobre el terreno. Lo único que necesitamos hacer es ofrecerle alguna presa extraña e inexplicable.[56]

**(13)** Al descubrir las disposiciones del enemigo y permanecer invisibles, podemos mantener concentradas nuestras fuerzas, mientras que el enemigo tendrá que dividir las suyas.

**(14)** Podemos formar un solo cuerpo unido, mientras que el enemigo tendrá que dividirse en fracciones. De ahí que habrá un único grupo compacto y armado contra partes separadas de un todo, lo que significa que seremos muchos contra los pocos del enemigo.

56. Inventar un rumor y hacerlo correr puede ser un arma interesante para engañar (e intrigar) a nuestro hombre. En tanto podemos preparar un ataque que no se espera. Un ejemplo sería que hay un supuesto pretendiente detrás de nosotras, que conocimos hace poco a través de una amiga común y que es increíble, el «no va más» de lo cortés, lo culto, lo viajado y demás cualidades que querramos añadir. Mientras estudiamos las reacciones de nuestro hombre podemos pensar cómo continuar el plan.

**(15)** Y si, de este modo, somos capaces de atacar una fuerza inferior con una superior, nuestros contrincantes se encontrarán en una situación apurada.

**(16)** No debemos dar a conocer a nadie el lugar donde tenemos la intención de luchar; de ese modo, el enemigo tendrá que prepararse contra un posible ataque en varios puntos diferentes; al estar así sus fuerzas distribuidas en muchas direcciones, el número de las que tengamos que afrontar en cualquier punto dado será proporcionalmente menor.

**(17)** Porque si el enemigo fortaleciese su vanguardia, tendría que debilitar su retaguardia; si fortaleciese su retaguardia, debilitaría su vanguardia; si fortalece el lado izquierdo, debilitará el derecho; si fortalece el lado derecho, debilitará el izquierdo. Si envía refuerzos a cualquier parte, se debilitará en otro lugar.

**(18)** La debilidad numérica procede de tener que prepararse contra posibles ataques; la fortaleza numérica procede de obligar a nuestro adversario a realizar esos preparativos para defenderse de nosotros.

**(19)** Al conocer el lugar y la hora de la próxima batalla, podemos concentrarnos desde las mayores distancias para poder luchar.

**(20)** Pero si no supiéramos ni el lugar ni el momento, el ala izquierda no podrá socorrer a la derecha, del mismo modo que la derecha será impotente para acudir en auxilio de la izquierda; la vanguardia no podrá socorrer a la retaguardia, ni la retaguardia apoyar a la vanguardia. Ello será tanto más grave si las partes más alejadas del ejército están a cien Li de distancia y si las más cercanas están incluso a varios Li de distancia.[57]

(21) A pesar de que, según mis cálculos, los soldados de Yueh excedían a los nuestros en número, eso no les aventajará en nada para conseguir la victoria. Digo que podemos alcanzar la victoria.

(22) Aunque el enemigo sea más numeroso, podemos impedirle luchar. Sólo hay que actuar con ardides para descubrir sus planes y la probabilidad de su éxito.

(23) Despiértalo y aprende el principio de su actividad o inactividad. Oblígalo a revelarse, para descubrir así sus lugares vulnerables.

(24) Compara cuidadosamente el ejército contrincante con el propio, para que puedas saber dónde hay fuerza superabundante y dónde es ésta deficiente.

(25) Al tomar disposiciones tácticas, lo mejor que puedes hacer es ocultarlas; oculta tus disposiciones

---

57. Es una desventaja no tener claro dónde y cuándo estará nuestro hombre a nuestra merced. Saberlo es primordial para nuestros planes, ya que no querremos que esté justo a solas cuando nosotras estamos del otro lado de la ciudad.

y estarás a salvo de las miradas de los más sutiles espías y de las maquinaciones de los más sabios cerebros.[58]

**26** Cómo se puede producir la victoria a partir de la propia táctica del enemigo: eso es lo que la multitud no puede comprender.

**27** Todos comprenden la táctica allí donde conquisto, pero lo que nadie puede ver es la estrategia a partir de la cual surgió la victoria.

**28** No repitas la táctica que te permitió obtener una victoria y deja que tus métodos estén regulados por la infinita variedad de las circunstancias.[59]

**29** Las tácticas militares son como estar en el agua, pues el agua, en su curso natural, se aleja de los lugares altos y se precipita hacia abajo.

**30** Así, en la guerra, el camino a seguir consiste en evitar lo que es fuerte y golpear sobre lo que es débil.

58. La discreción es esencial para tener éxito en la conquista. No olvidemos que las paredes «pueden oír» y arruinar nuestros planes.
59. No siempre funciona la misma táctica con diferentes hombres; lo mejor que podemos hacer es estudiar primero el caso, conocer al otro y adaptar los métodos al caso particular.

**(31)** El agua configura su curso de acuerdo con la naturaleza del terreno sobre el que fluye; el soldado elabora su victoria en relación con el enemigo al que se enfrenta.[60]

**(32)** Por ello, del mismo modo que el agua no mantiene una forma constante, tampoco hay condiciones constantes en el arte de la guerra.[61]

**(33)** De aquel que pueda modificar su táctica en relación con su contrincante, consiguiéndole ganar, puede decirse que es un capitán nacido en el cielo.[62]

**(34)** Los cinco elementos (agua, fuego, madera, metal, tierra) no siempre son igualmente predominantes; las cuatro estaciones dejan paso a la siguiente. Hay días cortos y largos; la luna tiene sus períodos menguantes y crecientes.[63]

---

60. Esto refuerza el comentario anterior: hay que preparar un plan de conquista acorde con el hombre al que queremos atraer.

61. Hay que saber aceptar las circunstancias como se presenten, adaptarse a los cambios, fluir con ellos y actuar en consecuencia. No es sabio ir a contracorriente o persistir en un camino por obstinación. Si se da el caso de que nuestro hombre cambia su situación (un viaje inesperado, una amante fugaz, una pérdida de cualquier tipo que le haga cerrarse en sí mismo, etc.), será imprescindible variar nuestras tácticas y estrategias y adaptarnos a nuevas circunstancias.

62. *Ibíd.*

63. *Ibíd.*

# 7

# Maniobras

**(1)** Sun-Tzu dijo: en la guerra, el general recibe sus órdenes del soberano.

**(2)** Después de haber reunido un ejército y concentrado sus fuerzas, tiene que mezclar y armonizar los diferentes elementos que lo componen antes de plantar su campamento.

**(3)** Después de eso, vienen las maniobras tácticas, de las que nada hay más difícil. La dificultad de la maniobra táctica consiste en transformar lo tortuoso en directo y la desventura en ganancia.[64]

64. Enderezar lo «tortuoso» y transformar la dificultad en ganancia es como ver los escollos que se presenten como

**4** Así, al seguir una ruta larga y tortuosa, después de haber atraído al enemigo fuera del camino y empezar a perseguirlo, para lograr llegar al objetivo antes que él, demuestra conocimiento del artificio del engaño.

**5** Maniobrar con un ejército es ventajoso, pero se vuelve de lo más peligroso cuando sólo se cuenta con una multitud indisciplinada.[65]

**6** Si pones en marcha a un ejército completamente equipado para aprovechar una ventaja, lo más probable es que llegues tarde. Por otro lado, destacar una

posibilidades para aguzar nuestro ingenio y seguir avanzando en nuestro objetivo de conquista.

65. Una «multitud indisciplinada» bien pueden ser esas voces interiores que boicotean nuestros planes, que siembran dudas y temores.

columna rápida para ese propósito supone sacrificar su impedimenta y pertrechos.[66]

**7** Así, si ordenas a tus hombres que se levanten los faldones y hagan marchas forzadas sin detenerse día y noche, cubriendo el doble de la distancia habitual de un tirón, recorriendo cien Li para aprovechar una ventaja, los jefes de tus tres divisiones caerán en manos del enemigo.

**8** Los hombres más fuertes estarán en la vanguardia y los cansados habrán quedado atrás y, según este plan, únicamente una décima parte de tu ejército llegará a su destino.

**9** Si marchas cincuenta Li para superar tácticamente al enemigo, perderás al jefe de tu primera división y únicamente la mitad de tus fuerzas llegarán a su objetivo.

**10** Si marchas treinta Li con el mismo objetivo, llegarán las dos terceras partes de tu ejército.

**11** Podemos dar por sentado que un ejército sin impedimenta está perdido, sin provisiones está perdido, sin bases de aprovisionamiento está perdido.

66. Es vital que nos cuidemos mientras estamos en plena «batalla»; si nos exigimos en exceso nos agotaremos y no cubriremos nuestras propias expectativas.

**(12)** No podemos establecer alianzas hasta conocer los designios de nuestros vecinos.

**(13)** No estaremos preparados para dirigir un ejército en marcha a menos que nos hayamos familiarizado con el terreno, con sus montañas y bosques, sus peligros y precipicios, sus pantanos y marismas.

**(14)** No podremos aprovechar las ventajas naturales, a menos que utilicemos a los guías locales.[67]

**(15)** En la guerra, practica la simulación y alcanzarás éxito.

**(16)** Concentrar o dividir tus fuerzas es algo que se tiene que decidir según las circunstancias.

**(17)** Procura que tu rapidez sea la del viento, tu solidez compacta como la del bosque.

**(18)** En las incursiones y el saqueo, procura ser como el fuego y tan inconmovible como la montaña.

**(19)** Que tus planes sean tan oscuros e impenetrables como la noche y, cuando te muevas, cae como un rayo.

---

67. Es importante conocer bien el terreno donde se opera y los códigos que se manejan. Si no tenemos algo claro, lo recomendable es que consultemos con quienes sepan del tema y nos puedan asesorar.

**20** Cuando saquees un país, permite que tus hombres se repartan los despojos; al capturar un territorio, divídelo en parcelas, para beneficio de la soldadesca.

**21** Reflexiona y delibera antes de efectuar un movimiento.

**22** Conquistará aquel que haya aprendido el artificio del engaño. Ese es el arte de la maniobra táctica.

**23** El Libro de la Dirección del Ejército dice: en el campo de batalla, la palabra hablada no llega lo bastante lejos; de ahí la institución de gongs y tambores. Los objetos ordinarios tampoco pueden verse con suficiente claridad; de ahí la institución de estandartes y banderas.

**24** Los gongs, tambores, estandartes y banderas son medios por los cuales los oídos y los ojos del jefe se pueden concentrar en un punto determinado.

**25** Cuando el jefe forma así un solo cuerpo unido, es imposible que el valiente avance solo o que el cobarde se retire solo. Este es el arte de manejar a grandes masas de hombres.

**26** En la lucha nocturna haz uso abundante de señales con hogueras; y si luchas durante el día, tambores, banderas y estandartes, como medio de influir sobre los oídos y los ojos de tu ejército.

**27** A un ejército entero se le puede robar su espíritu; a un comandante en jefe se le puede robar su presencia de ánimo.

**(28)** El espíritu del soldado es más penetrante por la mañana; al mediodía ya ha empezado a flaquear y, por la noche, sólo piensa en regresar al campamento.

**(29)** Por ello, un general inteligente evita a un ejército cuando su espíritu es más penetrante, pero ataca cuando es más lento e inclinado a regresar. Este es el arte de estudiar los estados de ánimo.

**(30)** Mantenerse disciplinado y sereno, a la espera de que aparezcan el desorden y la confusión entre el enemigo, ese es el arte de conservar el autodominio.

**(31)** Estar cerca del objetivo cuando el enemigo todavía se halla lejos de él, esperar tranquilamente mientras el enemigo se fatiga y se esfuerza, estar bien alimentado mientras el enemigo padece hambre, ese es el arte de estudiar las circunstancias.

**(32)** Es un axioma militar no avanzar colina arriba contra el enemigo, ni oponerse a él cuando ataca colina abajo.

**(33)** No persigas a un enemigo que finge huir; no ataques a los soldados de temperamento entusiasta.

**(34)** No muerdas el cebo que te ofrece el enemigo. No impidas el paso de un ejército que regresa a casa.

**(35)** Cuando rodees a un ejército, deja libre una salida. No presiones demasiado duramente a un enemigo desesperado.

**(36)** Tal es el arte de la guerra.

# Variación en las tácticas

**1** Sun-Tzu dijo: en la guerra, el general recibe sus órdenes del soberano, reúne a su ejército y concentra sus fuerzas.

**2** Cuando te encuentres en un país difícil, no acampes. En un país en el que se cruzan caminos importantes, une tus manos con las de tus aliados.[68] No permanezcas tiempo en posiciones peligrosamente aisladas. En situaciones en las que estés cercado, tienes que recurrir a una estratagema. En una posición desesperada, tienes que luchar.

68. Amigos o conocidos de nuestro hombre pueden ser interesantes aliados si aquél se pone difícil o hay aspectos de él que no conocemos.

**3** Hay caminos que no se deben seguir, ejércitos a los que no se debe atacar, ciudades que no se deben asediar, posiciones que no se deben conquistar, órdenes del soberano que no se tienen que obedecer.

**4** El general que comprende meticulosamente las ventajas que acompañan a la variación de tácticas sabe cómo manejar a sus tropas.

**5** El general que no las comprende, quizá esté familiarizado con la configuración del terreno, a pesar de lo cual no podrá sacarle un provecho práctico a sus conocimientos.

**6** Así, el estudioso de la guerra, que no está versado en el arte de variar sus planes, aunque esté familiarizado con las cinco ventajas, no conseguirá hacer el mejor uso posible de sus hombres.

**7** De ahí que, en los planes de los líderes sabios, se fundirán las consideraciones sobre las ventajas y las desventajas.

**8** Si moderas de este modo tu expectativa de la ventaja, puedes alcanzar éxito en lograr la parte esencial de nuestros planes.

**9** Si, por otro lado, en medio de las dificultades estamos siempre dispuestos a aprovechar una ventaja, podemos abrirnos paso por entre los infortunios.

**10** Reduce a los jefes hostiles infligiéndoles daño, procurando que tengan problemas, manteniéndolos constantemente ocupados, ofreciéndoles alicientes engañosamente atractivos y haciéndoles precipitarse hacia cualquier punto dado.[69]

**11** El arte de la guerra nos enseña a fiarnos no de la probabilidad de que no aparezca el enemigo, sino de nuestra propia preparación para recibirlo; no de la posibilidad de que no ataque, sino más bien del he-

---

69. A veces una buena estrategia con el hombre remiso es desconcertarle, ponerle las cosas difíciles, hacerle creer que nos tiene enganchadas y que se tire a la piscina... vacía.

cho de haber convertido nuestra posición en inexpugnable.

**(12)** Hay cinco defectos peligrosos, que pueden afectar a un general:

- ◎ Temeridad,[70] que puede conducir a la destrucción.

- ◎ Cobardía, que conduce a ser capturado.

- ◎ Un temperamento precipitado, que puede ser provocado por los insultos.

- ◎ Una delicadeza de honor que sea sensible a la vergüenza.[71]

- ◎ Una excesiva solicitud con sus hombres, lo que le expone a la preocupación y a los problemas.[72]

**(13)** Estos son los cinco pecados que asedian a un general y que son ruinosos para conducir la guerra.

**(14)** Cuando un ejército es arrollado y su líder muerto, la causa se encontrará seguramente en estos cinco peligrosos defectos. Que sean tema de tus meditaciones.

70. Imprudencia
71. Pudor excesivo
72. Excesiva preocupación por lo que piensen los demás.

# El ejército en marcha

**（1）** Sun-Tzu dijo: llegamos ahora a la cuestión de acampar el ejército y observar las señales del enemigo. Pasa rápidamente sobre las montañas y mantente en las cercanías de los valles.[73]

**（2）** Acampa en lugares altos, frente al sol. No escales las alturas para luchar. Y eso es todo lo que hay que decir sobre la guerra en las montañas.

**（3）** Después de cruzar un río, deberías alejarte mucho de él.

---

73. Antes de actuar, sondeemos a ver cómo están las cosas, estemos atentas a las señales que nos lance y mantengámonos prudentes.

**(4)** Cuando una fuerza invasora cruza un río en su avance, no salgas a su encuentro en medio de la corriente. Será mejor dejar que el ejército cruce; lanza entonces tu ataque.[74]

**(5)** Si te sientes impaciente por luchar, no deberías enfrentarte con el invasor cerca de un río que tiene que cruzar.

**(6)** Sitúa tus fuerzas en una posición más elevada que la del enemigo, frente al sol. No avances corriente arriba para salir al encuentro del enemigo. Y eso es todo lo que hay que decir sobre la guerra en el río.

**(7)** Al cruzar marismas saladas, tu única preocupación debería ser pasar al otro lado lo más rápidamente que puedas, sin dilación alguna.[75]

---

74. Hay terrenos que pueden no ser muy propicios para el «combate», pero si aún así se produjera un encuentro es mejor que el oponente dé el primer paso. Imaginemos la típica escena en que él nos deja en la puerta de casa y llega el momento de la despedida en el coche; o también imaginemos que ambos nos quedamos a trabajar solos en la oficina... Hay muchas situaciones similares que pueden darse; dejémosle el avance a él.

75. En situaciones comprometidas o difíciles, tratemos de salir de ellas lo más rápido posible (imaginemos que terceras personas nos pillan in fraganti, o que de repente él nos pegue un «corte» y que no quiera seguir adelante).

**8** Si te ves obligado a luchar en una marisma salada, deberías disponer de agua y hierba cerca y dar la espalda a un bosquecillo de árboles. Y eso es todo lo que hay que decir sobre las operaciones en marismas saladas.

**9** El terreno seco y nivelado, ocupa una posición fácilmente accesible, con el terreno elevándose a tu derecha y a tu espalda, de modo que el peligro se encuentre delante y la seguridad esté detrás. Y eso es todo lo que hay que decir sobre campañas en terreno llano.

**10** Estas son las cuatro ramas útiles del conocimiento militar que permitieron al emperador amarillo vencer a cuatro soberanos diferentes.

**11** Todos los ejércitos prefieren el terreno alto al bajo y los lugares soleados a los oscuros.[76]

**12** Si cuidas de tus hombres y acampas en terreno duro, el ejército estará libre de las enfermedades de todo tipo y eso presagiará la victoria.

**13** Cuando llegues a una colina u orilla fluvial, ocupa el lado soleado, con la ladera a tu lado derecho, hacia atrás. De ese modo, actuarás al mismo tiempo en beneficio de tus soldados y utilizarás las ventajas naturales del terreno.

**14** Cuando, como consecuencia de las fuertes lluvias en la cabecera de un río que quieres cruzar, éste se haya hinchado y aparezca salpicado de espuma, tienes que esperar a que baje su nivel.[77]

**15** No debes aproximarte o cruzar con toda la rapidez posible aquel terreno que tenga altos acantila-

---

76. Alejarnos de la situación para tener una mejor perspectiva; los lugares soleados se refieren a la claridad y la seguridad que tengamos para actuar en la situación.
77. Si vemos que las cosas no están tan bien como pensamos, es mejor esperar un poco antes de lanzarnos.

dos, con torrentes corriendo por entre hondonadas profundas y naturales, lugares cerrados, espesuras enmarañadas, cenagales y grietas.

**(16)** Aunque debemos alejarnos de esos lugares, deberíamos tratar de conseguir que el enemigo se acercara a ellos; mientras que debemos situarnos frente a ellos, tenemos que tratar de que el enemigo los tenga a sus espaldas.

**(17)** Si en las cercanías de tu campamento hubiera algún terreno montañoso, charcas rodeadas de hierbas acuáticas, hondonadas llenas de juncos o bosques con espeso monte bajo, tienen que ser recorridos cuidadosamente y registrados, ya que esos son los lugares en los que más probablemente se ocultarán hombres en preparación de una emboscada o los insidiosos espías.

**(18)** Cuando el enemigo está cerca y se mantiene tranquilo, significa que se fía de la fortaleza natural de su posición.

**(19)** Cuando el enemigo se mantiene alejado y trata de provocar una batalla, está impaciente de que el otro avance.

**(20)** Si el lugar donde acampa el enemigo es de fácil acceso, te está poniendo un cebo.

**(21)** El movimiento que se observa entre los árboles de un bosque indica que el enemigo está avanzando. La aparición de una serie de exploradores desplegados en abanico en medio de la hierba espesa significa que el enemigo quiere hacernos recelar.

**22** Cuando las aves levantan el vuelo para huir, es señal de que se prepara una emboscada. Las bestias asustadas indican que se avecina un ataque por sorpresa.[78]

**23** Cuando se levanta polvo, formando una columna alta, es una indicación de que están avanzando los carros de guerra; si el polvo es bajo, pero se extiende sobre una zona amplia, indica que se acerca la infantería.[79] Cuando se ramifica en diferentes direcciones, indica que se han enviado grupos para recoger leña. Unas pocas nubes de humo en movimiento de un lado a otro significan que el ejército está acampando.

**24** Las palabras humildes y el aumento de los preparativos son señales de que el enemigo se dispone a avanzar. El lenguaje violento y los amagos de avance, como si se dispusiera a atacar, son señales de que se va a retirar.[80]

---

78. Hemos de estar atentas a las señales; un perfume nuevo e intenso, una mirada sugerente, una invitación a cenar en un lugar especial está indicando que se acerca un «ataque»…
79. El texto es bien gráfico y evidente: cuando avanzan los carros de guerra, se levanta una alta columna de polvo…
80. Las palabras suaves, los gestos amables, la cortesía, son signos claros de que nuestro hombre está dispuesto a llevar-

**25)** Cuando los carros ligeros avanzan en primer lugar y ocupan una posición en las alas, es una indicación de que el enemigo está formando para la batalla.[81]

**26)** Las propuestas de paz que no van acompañadas por un pacto jurado indican una estratagema.

**27)** Cuando todos corren mucho de un lado a otro y los soldados forman filas, significa que ha llegado el momento crítico.

**28)** Cuando se ve a alguien que avanza y a alguien que se retira, es un señuelo.

**29)** Cuando los soldados están de pie apoyados en sus lanzas es porque se sienten débiles y andan necesitados de alimento.[82]

**30)** Si aquellos que son enviados a beber agua empiezan por beber ellos mismos, quiere decir que el ejército está sediento.

---

nos al «campo de batalla»; si en cambio hay una variación en su humor y se pone áspero, hay un indicio de «corte» en sus intenciones.

81. Es típico que se comience una contienda amorosa por besos y maniobras táctiles.

82. Tomemos este comentario al pie de la letra.

**31** Si el enemigo ve la posibilidad de aprovechar una ventaja y no hace esfuerzo alguno por asegurársela, quiere decir que sus soldados están agotados.[83]

**32** Si en un lugar se observa abundancia de pájaros, quiere decir que el lugar no está ocupado. El griterío por la noche indica nerviosismo.

**33** Si hay perturbación en el campamento, la autoridad del general es débil. Si los estandartes y banderas van de un lado a otro, se prepara la sedición. Si los oficiales están enojados, significa que los hombres están fatigados.

**34** Cuando un ejército alimenta a sus caballos con grano y mata a su ganado para obtener alimento y cuando los hombres no cuelgan sus pucheros sobre las hogueras del campamento, demostrando con ello que no regresarán a sus tiendas, puedes estar seguro de que están decididos a luchar hasta la muerte.

**35** La escena de hombres susurrando juntos en pequeños grupos o hablando en voz baja indica desafección entre la soldadesca.

**36** La concesión de recompensas demasiado frecuentes significa que el enemigo se encuentra al final de sus recursos; la aplicación de demasiados castigos indica una situación de agotamiento.

83. Llegar a esta situación habla muy bien de nosotras.

**(37)** Empezar con fanfarronadas para asustarse después ante el número de las fuerzas enemigas indica una suprema falta de inteligencia.

**(38)** Cuando se despachan enviados con palabras de cumplido, es una señal de que el enemigo desea establecer una tregua.

**(39)** Si las tropas del enemigo marchan enérgicamente y continúan frente a las nuestras durante largo tiempo, sin entablar batalla y sin cejar, la situación exige una gran vigilancia y prudencia.[84]

**(40)** Si tus tropas no superan ampliamente en número a las del enemigo, sólo significa que no se puede llevar a cabo un ataque directo. Lo único que podemos hacer es, simplemente, concentrar toda nuestra fuerza disponible, vigilar atentamente al enemigo y tratar de conseguir refuerzos.

**(41)** Aquel que no ejerce su capacidad de previsión y toma a la ligera a sus contrincantes, puede estar seguro de que será capturado por ellos.[85]

---

84. Tal vez nuestro hombre esté teniendo algún problema que no quiere sacar a luz.
85. Nunca subestimemos al otro. Tal vez pensemos que ya lo tenemos «en el bote» y puede resultar que sea al revés, que seamos nosotras las «cazadas».

**42** Si los soldados son castigados antes de que te hayan tomado apego, no demostrarán por ello ser más sumisos y, mientras no sean sumisos, serán prácticamente inútiles. Si, una vez que los soldados te hayan tomado apego, no se les aplican los castigos merecidos, seguirán siendo inútiles.

**43** Por ello, a los soldados hay que tratarlos primero con humanidad, pero tenerlos bajo control por medio de una disciplina de hierro. Ese es el camino cierto que conduce a la victoria.

**44** Si, al entrenar a los soldados, las órdenes son habitualmente impuestas, el ejército estará bien disciplinado; en caso contrario, su disciplina será mala.

**45** Si un general demuestra confianza en sus hombres, pero siempre insiste en que sus órdenes sean obedecidas, la ganancia será mutua.

**10**

# El terreno

(1) Sun-Tzu dijo: podemos distinguir seis clases de terreno, a saber:

    I.  El terreno accesible.

    II.  El terreno enmarañado.

    III.  El terreno contemporizador.

    IV.  Los pasos estrechos.

    V.  Las alturas escarpadas.

    VI.  Posiciones a una gran distancia del enemigo.

(2) Del terreno que se puede atravesar libremente por ambos lados se dice que es accesible.

(3) Por lo que respecta al terreno de esta naturaleza, adelántate al enemigo en ocupar los lugares elevados y soleados y protege cuidadosamente tu línea

de avituallamiento. Entonces podrás combatir con ventaja.[86]

**(4)** Al terreno que puede ser abandonado, pero que es difícil de volver a ocupar se le llama enmarañado.

**(5)** Desde una posición de este tipo, si el enemigo no está preparado, puedes hacer una salida resuelta y derrotarlo. Pero si está preparado para tu acometida y no consigues derrotarlo, entonces se producirá el desastre, al ser imposible la retirada.[87]

**(6)** Cuando la posición es de tal naturaleza que ninguna de las dos partes ganará nada haciendo el primer movimiento, se dice que es un terreno contemporizador.[88]

---

86. Hay hombres más accesibles que otros lo que hace que debamos ser más rápidas que otras competidoras. Cuando ganemos terreno, cuidemos nuestra posición.

87. Esta puede ser una situación de riesgo. Puede darse por ejemplo cuando no sabemos bien cómo es nuestro hombre. Si resulta algo inexperto o tímido, tal vez nos resulte fácil manejar la situación y que quede K.O.; si, en cambio, resulta un torbellino de pasión y nos supera con creces, quizás estemos en peligro de caer irremediablemente en sus redes. En este caso, lo que nos queda es la discreción; mejor que no se de cuenta de que nos tiene atrapadas.

88. Estamos empatados, ninguno toma la iniciativa pero a la vez ninguno se abre. Debemos ser astutas y hacerles creer

(**7**) En una posición de esta clase y aunque el enemigo nos ofrezca un cebo atractivo, será aconsejable no
picar en el anzuelo, sino más bien retirarse, incitando
así al enemigo a atacar; luego, cuando parte de su ejérci-

que nos retiramos. Ese será el momento en que seguramente «aflojará» las resistencias y nosotras podremos pasar al
«ataque».

to haya quedado al descubierto, podremos lanzar nuestro ataque con ventaja.[89]

**(8)** Por lo que se refiere a los pasos estrechos, si puedes ocuparlos el primero, deja en ellos una fuerte guarnición y espera la llegada del enemigo.

**(9)** Si el ejército contrario se te anticipa y ocupa un paso, no lo persigas si el paso cuenta con una fuerte guarnición, sino únicamente en caso de que la guarnición sea débil.

**(10)** En lo que se refiere a las alturas escarpadas, si consigues adelantar a tu adversario, deberías ocupar los lugares elevados y soleados y esperar allí a que llegue.[90]

**(11)** Si el enemigo los hubiese ocupado antes, no lo sigas, retírate y trata de atraerlo fuera del lugar.

**(12)** Si te hallas situado a una gran distancia del ene-

---

89. Podemos preparar el terreno donde sabemos que habrá un encuentro (escoger lo que nos pondremos, dónde nos situaremos, etc.) y ocupar una posición aventajada. Pero si de repente aparece una contrincante que despierta mayor interés, olvidémonos de utilizar tácticas agresivas. Habremos de esperar una mejor oportunidad.

90. Vigilemos a nuestro hombre a la distancia. Podremos anticiparnos a sus movimientos y provocar «encuentros casuales».

migo y la fuerza de los dos ejércitos es la misma, no resultará fácil provocar una batalla y toda lucha irá en tu desventaja.

**13** Estos son los seis principios conectados con la tierra. El general que ha alcanzado un puesto responsable tiene que estudiarlos con atención.

**14** Un ejército se halla expuesto a seis calamidades diferentes, que no proceden de causas naturales, sino de errores de los que únicamente el general será responsable. Estos son:

- huida
- colapso
- desorganización
- insubordinación
- ruina
- fuga desordenada.

**15** Siendo iguales las otras condiciones, si una fuerza es lanzada contra otra de tamaño diez veces superior, el resultado será la huida de la primera.

**16** Cuando los soldados de a pie son demasiado fuertes y sus oficiales demasiado débiles, el resultado es la insubordinación. Cuando los oficiales son demasiado fuertes y los soldados de a pie demasiado débiles, el resultado es el colapso.[91]

---

91. Si hay desconexiones entre el cuerpo y la mente siempre acabaremos en conflicto porque una de las dos partes está descompensada: ahí sobrevienen los colapsos, las insubordinaciones, los miedos, el «lío mental».

**(17)** Cuando los oficiales superiores se muestran enojados e insubordinados y al encontrarse con el enemigo combaten por su propia cuenta, impulsados por el resentimiento, antes de que su comandante en jefe pueda decirles si están en posición o no para combatir, el resultado es la ruina.

**(18)** Cuando el general es débil y no tiene autoridad, cuando sus órdenes no son claras y concisas, cuando a los oficiales y a los hombres no se les asignan deberes fijos que cumplir y las filas se forman de una manera descuidada y azarosa, el resultado es la mayor desorganización.

**(19)** Cuando un general, incapaz de calcular la fuerza del enemigo, permite que una fuerza inferior entable combate con otra más grande o lance un destacamento débil contra otro poderoso y descuide situar en la primera fila a soldados con picas, el resultado es la huida a la desbandada.

**(20)** Estas no son sino seis formas de cortejar la derrota, que deben ser cuidadosamente tenidas en cuenta por el general que haya alcanzado un puesto responsable.

**(21)** La formación natural del país es el mejor aliado de los soldados, pero la prueba de todo gran general es la capacidad para calcular al adversario, de controlar las fuerzas de la victoria y de calcular astutamente las dificultades, peligros y distancias.

**22** Aquel que sabe estas cosas y pone en práctica sus conocimientos en el combate, ganará sus batallas. Aquel que no las conozca y que no las practique será derrotado con toda seguridad.

**23** Si la lucha ha de tener como resultado seguro la victoria, entonces tienes que luchar, aunque el gobernante te lo prohíba; si la lucha no ha de resultar en la victoria, entonces no tienes que luchar, aunque el gobernante te lo pida.

**24** El general que avanza sin ambicionar la fama y que se retira sin temer la desgracia, cuyo único pensamiento es proteger a su país y hacer un buen servicio a su soberano, es la joya del reino.

**25** Considera a tus soldados como a tus hijos y te seguirán hasta los valles más profundos; considéralos como a tus queridos hijos y estarán a tu lado hasta la muerte.

**26** Sin embargo, si eres indulgente pero incapaz de hacer sentir tu autoridad, si tu corazón es bondadoso pero eres incapaz de hacer que se cumplan tus órdenes y eres, además, incapaz de sofocar el desorden, entonces tus soldados son como niños malcriados, inútiles para todo propósito práctico.

**27** Si sabemos que nuestros hombres están en condiciones de atacar, pero no somos conscientes de que el enemigo no está abierto al ataque, sólo habremos recorrido la mitad del camino que conduce a la victoria.

**28** Si sabemos que el enemigo está abierto al ataque, pero no sabemos que nuestros hombres no están en condiciones de atacar, sólo habremos recorrido la mitad del camino que conduce a la victoria.

**29** Si sabemos que el enemigo está abierto al ataque y también sabemos que nuestros hombres están en condiciones de atacar, pero no sabemos que la naturaleza del terreno hace la lucha impracticable, sólo habremos recorrido la mitad del camino que conduce a la victoria.

**30** De ahí que el soldado experimentado, una vez en movimiento, nunca se desconcierta; una vez que ha roto el campamento, nunca se siente perdido.

**31** De ahí el dicho: si conoces al enemigo y te conoces a ti mismo, no tendrás dudas de tu victoria; si conoces el cielo y conoces la tierra, puedes conseguir que tu victoria sea completa.

# 11

# Las nueve situaciones

**1** Sun-Tzu dijo: el arte de la guerra reconoce nueve variedades de terreno:

- terreno disperso
- terreno fácil
- terreno contencioso
- terreno abierto
- terreno de intersección de carreteras
- terreno grave
- terreno difícil
- terreno encerrado
- terreno desesperado

**2** Cuando un jefe lucha en su propio territorio, es un terreno disperso.

**3** Cuando ha penetrado en territorio hostil, pero sin profundizar a demasiada distancia, es un terreno fácil.

**4** El terreno cuya posesión supone una gran ventaja para cualquiera de los dos bandos, es un terreno contencioso.

**5** El terreno en el que ambos bandos tienen libertad de movimientos es un terreno abierto.

**6** El terreno que forma la clave para acceder a tres estados contiguos, de tal modo que quien lo ocupa primero posee la mayor parte del imperio bajo sus órdenes, es un terreno de intersección de carreteras.

**7** Cuando un ejército ha penetrado en el corazón de un país hostil, dejando en la retaguardia una serie de ciudades fortificadas, está en un terreno grave.[92]

**8** Los bosques de las montañas, las zonas escarpadas, las pantanosas y cubiertas de ciénagas, todo aquel territorio que sea duro de atravesar es un terreno difícil.[93]

---

92. Hemos de saber que asumimos un riesgo cuando dejamos una relación más o menos sólida y estable por una aventura pasajera.
93. Hay hombres que traen un bagaje conflictivo con ellos; hemos de saber en qué terreno nos internamos.

**9** El terreno al que se llega a través de estrechas gargantas y desde el que sólo se puede efectuar la retirada por caminos tortuosos, de modo que un pequeño número de soldados enemigos sería suficiente para aplastar a un gran conjunto de nuestros hombres, es un terreno encerrado.[94]

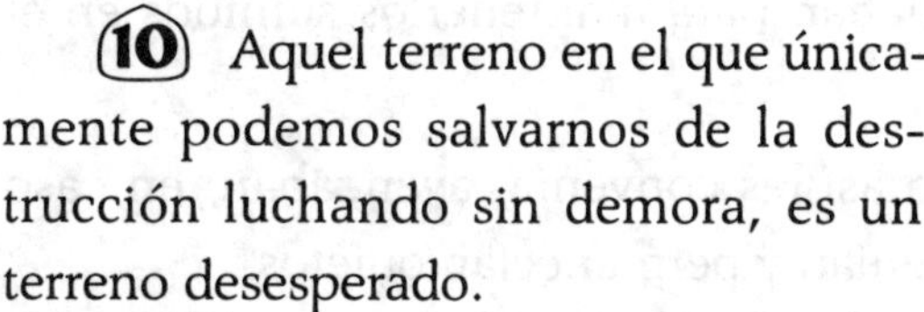

**10** Aquel terreno en el que únicamente podemos salvarnos de la destrucción luchando sin demora, es un terreno desesperado.

**11** Por tanto, no luches en el terreno disperso, no te detengas en el terreno fácil, no ataques en el terreno contencioso.

**12** En terreno abierto, no trates de bloquear el paso del enemigo. En el terreno de intersección de carreteras, une tus manos con las de tus aliados.[95]

---

94. Cuidado con quedar atrapadas en relaciones en las cuales seamos muy vulnerables y de las que luego nos cueste salir.
95. Si en nuestro camino hay más rivales, unámonos a los amigos de nuestro hombre (nuestros aliados).

(**13**) En terreno grave, acumula el botín. En terreno difícil, mantén continuamente la marcha.

(**14**) En terreno encerrado, recurre a una estratagema. En terreno desesperado, combate.

(**15**) Aquellos antiguos a los que se llamó líderes habilidosos sabían cómo introducir una cuña entre la vanguardia y la retaguardia del enemigo, impedir la cooperación entre sus divisiones grandes y pequeñas, impedir que las buenas tropas rescataran a las malas, que los oficiales intimidaran a sus hombres.

(**16**) Cuando los hombres del enemigo estaban unidos, se las arreglaban para mantenerlos sumidos en el desorden.

(**17**) Cuando así les convenía, avanzaban; en caso contrario, se detenían y permanecían quietos.

(**18**) Si se me preguntara cómo enfrentarse a una numerosa fuerza enemiga bien formada y a punto de marcha para el ataque, diría: «Empieza por apoderarte de algo que le sea muy querido a tu contrincante; luego será sumiso a tu voluntad».

(**19**) La rapidez es la esencia de la guerra: aprovecha la falta de preparación del enemigo, ábrete paso por rutas inesperadas y ataca lugares desprotegidos.

(**20**) Los siguientes son los principios que debe observar cualquier fuerza invasora: cuanto más profundamente penetres en un país, tanto mayor será la solidaridad de tus tropas y, así, los defensores no prevalecerán contra ti.

**(21)** Emprende incursiones por territorio fértil para suministrar comida a tu ejército.

**(22)** Procura cuidadosamente el bienestar de tus hombres y no les exijas demasiado. Concentra tu energía y acumula tu fortaleza. Procura mantener a tu ejército en continuo movimiento e imagina planes insondables.

**(23)** Sitúa a tus soldados en posiciones de las que no puedan escapar y preferirán la muerte antes que huir. Si están dispuestos a afrontar la muerte no hay nada que no puedan conseguir. Hombres y oficiales, por igual, darán de sí sus mayores reservas de fortaleza.

**(24)** Cuando se encuentran en situaciones desesperadas, los soldados pierden el sentido del temor. Si no hay ningún lugar donde refugiarse, se mantendrán firmes. Si están en territorio hostil, mostrarán un frente tenaz. Si no hay forma de recibir ayuda, lucharán duramente.

**(25)** Así, sin esperar a que se les ordene, los soldados estarán constantemente alerta, harán tu voluntad sin esperar a que se les pida, serán fieles sin restricciones y se podrá confiar en ellos sin necesidad de darles órdenes.

**(26)** Prohíbe la búsqueda de presagios y elimina las dudas supersticiosas. Entonces, no tendrás necesidad de temer ninguna calamidad hasta que llegue la propia muerte.[96]

**27** Si nuestros soldados no están sobrecargados de dinero no es porque no les gusten las riquezas; si sus vidas no son indebidamente prolongadas, no es porque no sientan inclinación hacia la longevidad.

**28** El día en que se les ordene ir a la batalla, tus soldados pueden llorar, unos tratando de secarse las lágrimas con su atuendo, otros dejando que éstas se derramen libremente por las mejillas. Pero en cuanto se vean acorralados, demostrarán el valor de un Chu o de un Kuei.

**29** El táctico habilidoso puede ser comparado con la Shuai-Jan. Ahora bien, la Shuai-Jan es una serpiente que se encuentra en las montañas Ch'ang. Si le atacas la cabeza, serás atacado por su cola; si le golpeas la cola, serás atacado por su cabeza; si la golpeas en el centro, serás  atacado por la cabeza y por la cola al mismo tiempo.

**30** Si se me pregunta si se puede conseguir que un ejército imite a la Shuai-Jan yo diría que sí. Pues los

---

96. No hagamos caso a los rumores, sigamos nuestra intuición y, en todo caso, antes de hablar o actuar comprobemos aquello que se dice y que nos hace dudar.

hombres de Wu y los hombres de Yueh son enemigos; sin embargo, si se hallan cruzando un río en la misma embarcación y son sorprendidos por una tormenta, acudirán en auxilio del otro, del mismo modo que la mano izquierda ayuda a la derecha.

(31) Por ello, no es suficiente depositar la propia confianza en llevar bien atados los caballos y en las ruedas del carro que se hunden en el terreno.

(32) El principio para dirigir un ejército consiste en establecer un nivel de valor que todos deben alcanzar.

(33) Cómo obtener lo mejor de ambos, el fuerte y el débil, esa es la cuestión que implica el uso adecuado del terreno.

(34) Así, el general habilidoso dirige su ejército como si estuviera dirigiendo a un solo hombre de la mano, de grado o por fuerza.

(35) Lo que debe hacer un general es mostrarse sereno y asegurarse el secreto, ser recto y justo y mantener así el orden.

(36) Tiene que ser capaz de desconcertar a sus oficiales y a sus hombres con falsos informes y apariencias, para mantenerlos así en la total ignorancia.

(37) Al alterar sus disposiciones y cambiar sus planes, consigue que el enemigo no pueda obtener ningún conocimiento definitivo. Al cambiar su campamento de

lugar y seguir rutas tortuosas, impide que el enemigo anticipe sus propósitos.

(38) En el momento crítico, el líder de un ejército actúa como aquel que ha escalado una altura y luego le da una patada a la escalera que ha dejado atrás, alejándola. Conduce a sus hombres a lo más profundo del territorio hostil antes de dejar traslucir sus intenciones.

(39) Quema sus naves y rompe las ollas; luego, como un pastor que conduce a su rebaño, dirige a sus hombres por aquí y por allá y nadie sabe a dónde va.

(40) Dominar a sus huestes y ponerlas en peligro, ese se puede decir que es el trabajo del general.

(41) Las diferentes medidas adecuadas para las nueve variedades de terreno, la oportunidad de las tácticas agresivas o defensivas y las leyes fundamentales de la naturaleza humana: esas son las cosas que más ciertamente tiene que estudiar.

(42) Al invadir un territorio hostil, el principio general es que la penetración profunda trae consigo la cohesión; penetrar sólo un poco no hace sino producir dispersión.

(43) Al dejar atrás tu propio país y llevar a tu ejército a otro territorio vecino, te encuentras en un terreno crítico. Cuando hay medios de comunicación por los cuatro lados, el terreno es el de intersección de carreteras.

**44** Al penetrar profundamente en un país, estás en terreno grave. Pero si sólo penetras un poco estás en terreno fácil.[97]

**45** Una vez que has dejado atrás los baluartes del enemigo y te encuentras delante con los pasos estrechos, estás en terreno encerrado. Cuando no hay lugar alguno en el que refugiarse, estás en terreno desesperado.

**46** Por ello, el terreno disperso, inspiraría unidad de propósito entre mis hombres. En terreno fácil, me ocuparía de que hubiese una estrecha conexión entre todas las partes de mi ejército.

**47** En terreno contencioso, apresuraría la marcha de mi retaguardia.

**48** En terreno abierto, mantendría una mirada alerta sobre mis defensas. En terreno de intersección de carreteras, consolidaría mis alianzas.

**49** En terreno grave, trataría de asegurar una corriente continua de suministros. En terreno difícil, seguiría presionando para continuar adelante.

97. A veces es mejor ir poco a poco en una nueva relación, al menos así si las cosas no son como pensamos podemos retirarnos sin hacernos daño.

**50** En terreno encerrado, bloquearía todo camino de retirada. En terreno desesperado, proclamaría ante mis soldados la imposibilidad de salvar sus vidas.

**51** Pues pertenece a la disposición del soldado el ofrecer una resistencia obstinada cuando se halla rodeado, luchar duramente cuando no tiene otro remedio y obedecer con prontitud cuando se encuentra en una situación de peligro.

**52** No podemos establecer una alianza con los príncipes vecinos mientras no conozcamos sus designios. No estamos preparados para dirigir un ejército en marcha a menos que estemos familiarizados con el rostro del país, con sus montañas y bosques, sus peligros y precipicios, sus pantanos y marismas. No seremos capaces de aprovechar las ventajas naturales a menos que utilicemos a los guías locales.

**53** Ignorar cualquiera de los siguientes cuatro o cinco principios no beneficia a un príncipe guerrero.

**54** Cuando un príncipe guerrero ataca a un Estado poderoso, su capacidad como general se demuestra impidiendo la concentración de las fuerzas enemigas. Impone respeto a sus contrincantes e impide a sus aliados unirse contra él.

**55** Por ello, no se esfuerza por aliarse con todos y cada uno de ellos, como tampoco fomenta el poder de otros Estados. Lleva a cabo sus propios y secretos designios, imponiendo respeto a sus antagonistas. De ese modo, puede apoderarse de sus ciudades y derribar sus reinos.

(56) Concede recompensas sin considerar las reglas, emite órdenes sin tener en cuenta las disposiciones previas y podrás manejar un ejército entero como si sólo tuvieras que vértelas con un hombre.

(57) Pon a tus soldados ante los hechos consumados y nunca permitas que conozcan tus designios. Cuando las perspectivas sean brillantes, preséntaselas así, pero no les digas nada cuando la situación sea sombría.

(58) Sitúa a tu ejército en peligro mortal y sobrevivirá, lánzalo a situaciones desesperadas y saldrá de ellas con seguridad.

(59) Pues es precisamente cuando una fuerza ha caído en la desgracia cuando es capaz de propinar un golpe decisivo para la victoria.

(60) El éxito en la guerra se obtiene acomodándonos cuidadosamente a los propósitos del enemigo.

(61) Al mantenernos persistentemente pegados al flanco del enemigo alcanzaremos éxito a la larga en acabar con la vida de su comandante en jefe.

(62) A eso se le llama la habilidad de conseguir algo por pura astucia.

(63) El día en que te hagas cargo del mando, bloquea los pasos de la frontera, destruye las cuentas oficiales e impide el paso de toda clase de emisarios.

**64** Mantén una actitud severa en la cámara del consejo, de modo que puedas controlar la situación.

**65** Si el enemigo dejara una puerta abierta, tienes que precipitarte por ella.

**66** Anticípate a tu contrincante apoderándote de aquello que le sea más querido y procura hacerlo cuando él llegue al terreno.

**67** Sigue el camino definido por la regla y acomódate al enemigo hasta que puedas librar una batalla decisiva contra él.

**68** Al principio, pues, demuestra la timidez y coquetería de una doncella, hasta que el enemigo te ofrezca una apertura; después, imita la rapidez de la liebre que corre y el enemigo ya no dispondrá de tiempo para oponerse.

# El ataque con fuego

**1** Sun-Tzu dijo: hay cinco formas de atacar con fuego. La primera es quemar a los soldados en su campamento; la segunda consiste en incendiar sus avituallamientos; la tercera en incendiar su impedimenta; la cuarta quemar los arsenales y almacenes y la quinta precipitarse entre el enemigo arrojándole fuego.

**2** Para llevar a cabo un ataque, tenemos que disponer de los medios. Siempre hay que tener preparado el material para provocar incendios.

**3** Hay una estación adecuada para lanzar ataques con fuego y días especiales para iniciar una conflagración.[98]

98. Cuando la relación esté pasando por un momento de aplacamiento, de inercia, hay que considerar acciones que vuel-

**4** La estación más adecuada es cuando el tiempo está muy seco; los días especiales son aquellos en que la luna esté en las constelaciones de la Criba, la Muralla, el Ala y el Travesaño, pues estos cuatro son días en que se levanta el viento.

**5** Al atacar con fuego, uno debe estar preparado para afrontar cinco posibles evoluciones:

- Cuando el fuego estalle en el interior del campamento enemigo, responde de inmediato con un ataque desde el exterior.

- Si se produce un estallido de fuego, pero los soldados del enemigo permanecen tranquilos, tómate tu tiempo y no ataques.

- Cuando la fuerza de las llamas haya alcanzado su mayor altura, síguelas con un ataque, si eso fuese practicable; en caso contrario, quédate donde estás.

- Si es posible efectuar un asalto con fuego desde fuera no esperes a que estalle dentro, y lanza el ataque en un momento favorable.

---

van a encender la pasión. Procuremos conseguir una película de Tinto Bras, que juega con el erotismo de una manera particular; averigüemos cómo hacer un tipo de masaje especial, en pareja y propongámoslo; comentemos fantasías secretas… Puede haber ¡un universo por descubrir!

◎ Cuando inicies un incendio, sitúate a barloven-
to. No ataques desde sotavento.

**(6)** Un viento que se levanta durante el día dura
siempre un tiempo determinado, pero la brisa de la
noche pronto decae.

**(7)** En todo ejército se tienen que conocer las cinco
evoluciones relacionadas con el fuego, calcular los
movimientos de las estrellas y vigilar para cuando lle-
guen los días adecuados.

**(8)** De ahí que quienes utilizan el fuego como una
ayuda para el ataque demuestran inteligencia, mientras
que aquellos que utilizan el agua como una ayuda para
el ataque obtienen un aumento de fortaleza.

**(9)** Por medio del agua se puede interceptar a un enemigo, pero no privarlo de sus pertenencias.

**(10)** Desgraciado es el destino de aquel que intenta ganar sus batallas y alcanzar éxito en sus ataques sin cultivar antes el espíritu emprendedor, pues el resultado es siempre una pérdida de tiempo y un estancamiento general.[99]

**(11)** De ahí el dicho: el gobernante ilustrado traza sus planes con mucha antelación; el buen general cultiva sus recursos.

**(12)** No te muevas hasta que veas una ventaja; no utilices tus tropas a menos que puedas ganar algo; no luches a menos que la posición sea crítica.

**(13)** Ningún gobernante debería enviar tropas al campo simplemente para descargar su bilis; ningún general debería librar una batalla simplemente motivado por el rencor.

**(14)** Si con ello vas a sacar ventaja, avanza; en caso contrario, quédate donde estás.

---

99. He aquí una clara advertencia: cuidado con dormirse en los laureles. Nunca hay que descuidar ningún aspecto de la relación ni permitir que aparezca la rutina ni el estancamiento. Y si no leamos nuevamente la nota anterior.

**15** Con el tiempo, la cólera puede cambiar a la alegría; la vejación puede verse seguida por la satisfacción.

**16** Pero un reino que ha sido destruido una vez, ya no puede volver a ponerse en pie, del mismo modo que tampoco se puede resucitar a los muertos.

**17** De ahí que el gobernante ilustrado preste mucha atención y que el buen general sea muy prudente. Esta es la forma de mantener un país en paz y un ejército intacto.

# La utilización de espías

**(1)** Sun-Tzu dijo: armar unas huestes de cien mil hombres y hacerlos marchar grandes distancias implica sufrir graves pérdidas en cuanto a número de personas y un agotamiento de los recursos del Estado. El gasto diario ascenderá a mil onzas de plata. Habrá conmoción, en el propio país y fuera de él y los hombres caerán agotados en los caminos. Hasta setecientas mil familias verán dificultadas su trabajo.

**(2)** Los ejércitos hostiles pueden enfrentarse entre sí durante años, esforzándose por alcanzar una victoria que se logra en un solo día. Siendo esto así, mantenerse en la ignorancia del estado en que se encuentra el enemigo, simplemente porque no se está dispuesto a gastar unos cientos de onzas de plata en honores y emolumentos, es el mayor acto de inhumanidad que se puede cometer.

**3** Quien así actúa no es un líder de hombres, no supone ninguna ayuda presente para su soberano, no es ningún maestro de la victoria.

**4** Así, lo que permite al sabio soberano y al buen general atacar y conquistar y conseguir cosas que están fuera del alcance de los hombres ordinarios es el conocimiento previo.

**5** Ahora bien, ese conocimiento previo no puede obtenerse de los espíritus, no se puede deducir inductivamente de la experiencia ni mediante ningún otro cálculo deductivo.

**6** El conocimiento de las disposiciones del enemigo sólo se puede obtener de otros hombres.

**7** De ahí la utilización de espías, de las que hay cinco clases:[100]

- espías locales
- espías interiores
- espías convertidos
- espías condenados
- espías supervivientes.

100. Dicho con un guiño los «espías» pueden ser otros amigos, compañeros, vecinos o compañeros a los que les podamos sonsacar información (o preguntar abiertamente si hay suficiente confianza) que nos interese sobre nuestro hombre.

**8** Cuando estas cinco clases de espías trabajan todos al mismo tiempo, ninguno de ellos puede descubrir el sistema secreto. A esto se le llama «la manipulación divina de los hilos» y es la más preciosa facultad del soberano.

**9** Tener espías locales significa emplear los servicios de los habitantes de un distrito.

**10** Tener espías interiores implica utilizar los servicios de funcionarios del enemigo.

**11** Tener espías convertidos implica apoderarse de los espías del enemigo y utilizarlos para nuestros propios propósitos.

**(12)** Tener espías condenados supone realizar ciertas cosas abiertamente, con propósitos de engaño y permitir que nuestros espías los conozcan y los delaten al enemigo.

**(13)** Finalmente, los espías supervivientes son aquellos que traen noticias del campamento enemigo.

**(14)** De ahí que con nadie del ejército han de mantenerse relaciones más estrechas que con los espías. A nadie se le debe recompensar más liberalmente. En ningún otro asunto se debe preservar más el secreto que en éste.

**(15)** A los espías no se les puede emplear con utilidad sin una cierta sagacidad intuitiva.

**(16)** No se les puede dirigir adecuadamente sin benevolencia y franqueza.

**(17)** No puede uno estar seguro de la certeza de sus informes sin emplear un sutil ingenio mental.

**(18)** ¡Sed sutiles! ¡Sed sutiles! Y utilizad a vuestros espías para toda clase de asuntos.[101]

**(19)** Si una noticia secreta es divulgada por un espía antes de que haya llegado el momento propicio, se le debe condenar a muerte, junto con el hombre al que se le contó el secreto.

---

101. La información deberá esclarecernos acerca de los planes de nuestro hombre.

**20** Tanto si el propósito consiste en aplastar a un ejército, como asaltar una ciudad o asesinar a un individuo, siempre será necesario empezar por descubrir los nombres de los asistentes, de los ayudantes de campo y de los guardianes y centinelas del general al mando. A nuestros espías se les tiene que encargar que consigan esta información.

**21** Los espías del enemigo, que han venido para espiarnos, tienen que ser buscados, tentados con sobornos, alejados y cómodamente instalados. Se transformarán así en espías convertidos, y estarán disponibles a nuestro servicio.

**22** Gracias a la información aportada por un espía convertido, podremos adquirir y emplear a espías locales e interiores.

**23** Y, una vez más, gracias a esta información, podemos hacer que el espía condenado transmita noticias falsas al enemigo.

**24** Finalmente, gracias a esta información se podrá utilizar al espía superviviente en ocasiones señaladas.

**25** El fin y el objetivo del espionaje en sus cinco variedades es recabar conocimiento del enemigo y ese conocimiento sólo se puede obtener, en el primer caso, del espía convertido. De ahí que sea esencial tratar al espía convertido con la mayor liberalidad.

**26** De los antiguos, el surgimiento de la dinastía Yin fue debido a I Chih, que había servido bajo los Hsia.

Del mismo modo, el surgimiento de la dinastía Chou se debió a Lu Ya, que había servido bajo los Yin.

(**27**) De ahí que sean sólo el gobernante ilustrado y el general sabio los que estén dispuestos a utilizar la más alta inteligencia del ejército para propósitos de espionaje y conseguir con ello los mayores resultados. Los espías son un elemento de lo más importante en el agua, porque de ellos depende la habilidad de un ejército para moverse.

# Epílogo

EL ARTE DE LA GUERRA es en esencia un gran libro de enseñanzas que propone principios tan válidos en el mundo de la estrategia militar —para el cual fue concebido— como en la vida cotidiana donde además de ese amor que queremos conseguir, siempre puede haber otro tipo de «enemigos» que combatir. Hemos de aclarar que no hay un espíritu belicoso oculto en estas palabras, sino más bien una intención solidaria para con todas las mujeres que tienen que «luchar» en un campo de batalla donde puede haber un hijo rebelde, un jefe vehemente, una familia desorganizada, un ex marido manipulador, un novio huidizo, un vecino molesto, un compañero de trabajo enervante, un familiar desagradable… o tantos otros con los que puede haber un conflicto de intereses, de poderes o de territorios.

Es decir que también podemos utilizar los textos de Sun-Tzu para enfrentarnos a ese otro tipo de enemigos con los que tenemos situaciones conflictivas recurrentes.

En cualquier caso tenemos una batalla que emprender para conseguir un propósito: la conquista.

# Índice